황제 펭귄

이청리 제35집

넘지 마라 내 발등 위까지
잠든 천지를 깨우고 있나니
차가운 눈보라여
신의 뜻을 거슬리지 마라
새 생명 하나가 우주의 으뜸이니라

- [신의 뜻을 거슬리지 마라] 중에서 -

온몸으로 지고 살아가는 무게를
눈보라가 하늘의 저울에 단다
순금빛 눈금을 가리킨다
이 무게만으로 족하다
펭귄은 서로의 몸에서 순금빛이 인다
하늘과 지상의 일치였으리

- [순금빛 눈금] 중에서 -

그대 몸을 빌려
내 생애 꽃 한 송이를 피게 하는
그대 사랑에 목메여 웁니다
이보다 더한 계절이 온다 해도
우리 사랑은 왜 여기여야 하나
하늘까지 울게 할 우리 사랑이
별이자 반달이자 해가 아니겠어요

- [인연의 문] 중에서 -

길이 보이지 않아도 길이 보이는
그 사랑의 눈빛
우리 숨이 멈출 것 같습니다
100Km 눈길을 뒤뚱거리는 몸으로
담고 온 바다 속 세계가 숨 쉴 때
우리는 오늘 하루 끝도 볼 수 없는
것을 한합니다

- [사랑의 눈빛] 중에서 -

강강수월래 하듯 원을 그리며
그대 살결 스칠 때 가슴 뛰네
천지엔 그대 하나로 다가와 서네
사랑이란 현실에서 넘을 수 없는
벽을 넘어 가는 것

- [강강수월래 하듯] 중에서 -

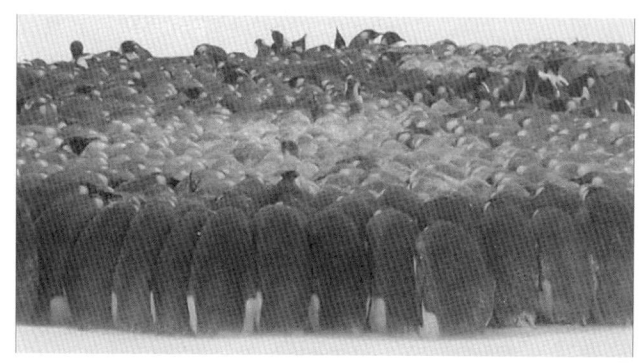

한 밤중 하얗게 피워 올리는 입김들
몸과 몸에서 뿜어내는 향기가 아닐까요
살아 있음에 대한 황홀한 몸짓이 아닐까요
아! 이보다 더한 세상이 다가와도
더 아름다운 풍경을 빚어내지 않을까요
휘모리 자진머리 중중머리가 이어지는
아!우리네 옛마당 우리네 옛몸짓들

- [몸짓들] 중에서 -

허들링으로 온밤을 지새우더라 하더라
달이 둥굴어졌다가 이즈러지지만
그곳 하늘에 얼어붙어
부리로 꼭꼭 쪼아 굴리고 가더라 하더라
귀양을 간 것은 정녕 사람들이라 하더라

- [귀양] 중에서 -

모든 것을 얼게 해도
사랑을 얼게 할 수 없지
서로의 눈빛들은 별들이어라
영혼 속까지 다 보여
이보다 더한 혹한의 밤도 품을 수 있지

- [우리는 헤어짐이 없지] 중에서 -

펭귄의 뒷모습을 보고 있을 때
웃음이 젖어 오다가
왈칵 울음이 복받쳐 오르는 까닭은
향이 깊은 꽃일수록 가시를 일으켜 세움은
그 만큼 아픔이 깊다는 말 것이다

- [향이 깊은 꽃일수록] 중에서 -

우리에게 주어진 일이
설원에서 살아가는 천직일지라도
아름다운 사랑의 둥지를 여는 일
새 생명을 잉태시켜 봄을 맞이하게 하는 일
100Km 먼 얼음 길을 가야 하는 길이
힘겨움이 아닌 기쁨의 일

- [어둠을 사랑으로 밝히는 일] 중에서 -

차 례

제1부

1. 불사조 / 19
2. 강강수월래 하듯 / 20
3. 부부인연 / 21
4. 행복한 일이냐 / 22
5. 당신의 눈빛 / 23
6. 향이 깊은 꽃일수록 / 24
7. 순금빛 눈금 / 25
8. 이내 몸 머물 곳이 없으리 / 26
9. 그대 사랑하는 자리 / 27
10. 사랑은 빙글빙글 돌더라 / 28

제2부

11. 하늘이 사랑 한 쪽을 / 31
12. 신의 뜻을 거슬리지 마라 / 32
13. 펭귄의 발 / 33
14. 황제 펭귄의 낭만 / 34
15. 귀양 / 35
16. 철인의 부부여 / 36

17. 미소 짓는 아! 그 얼굴 / 37
18. 윙윙윙 / 38
19. 사랑하는 이가 있다면 / 39
20. 펭귄의 모정 / 40

제3부

21. 다리 짧은 것으로 슬퍼하지 않아요 / 43
22. 우리는 헤어짐이 없지 / 44
23. 절절한 사랑 / 45
24. 바람의 뒷주머니 / 46
25. 인연의 문 / 47
26. 사랑의 깃발 / 48
27. 암송 / 49
28. 사랑이 시작되는 그대들 / 50
29. 별빛으로 매달려 / 51
30. 당신의 눈물 / 52

제4부

31. 별빛까지 얼어서 / 55
32. 고도 / 56
33. 봄꽃처럼 / 57
34. 남극의 천국 / 58

35. 몸짓들 / 59
36. 살아만 있어라 / 60
37. 하늘이 한 장의 편지로다 / 61
38. 아름다운 사랑을 선택 / 62
39. 사랑의 소리 / 63
40. 살아 숨쉬는 지구 / 64

제5부

41. 사랑하는 일이 쉬운 것이라면 / 67
42. 빙하 / 68
43. 황제 펭귄 / 69
44. 사랑의 집 / 70
45. 숨은 봄 / 71
46. 펭귄들의 눈빛 / 72
47. 제물 / 73
48. 사랑의 허들링 / 74
49. 도둑 세떼 / 75
50. 아버지의 발 / 76

제6부

51. 울음 주머니 / 79
52. 해의 몸도 당신보다 / 80

53. 밀착 / 81
54. 운명의 선택 / 82
55. 고요의 열쇠들 / 83
56. 둥지 / 84
57. 비백飛白 / 85
58. 용서 하시라 / 86
59. 입김들 / 87
60. 그대는 발등에 얹어 / 88

제7부

61. 명수 / 91
62. 사랑이 떠나가는 소리 / 92
63. 깊은 한 밤중 / 93
64. 처음 그날들 / 94
65. 눈바람에 향기 / 95
66. 얼음 잔 / 96
67. 문하門下 / 97
68. 별과 한 몸일 뿐이다 / 98
69. 사랑에 눈을 떠서 / 99
70. 어둠을 사랑으로 밝히는 일 / 100

후기 / 101

제 1부

불사조
― 황제 펭귄·1

꽃 한 송이 찾아 볼 수 없죠
그곳에서 모든 것을 꽃으로 보죠
설원도 그대 발자국으로 피는 꽃 아니신가요
그 꽃 송이 앞에 서면
그대 운명이 매화 송이처럼 벙글어요
저 눈발들을 흰나비 떼들로 불러 들이고
사랑의 눈부심으로 타오르지요
허들링의 그 긴 밤으로 얼어 붙게 했던
세상을 다 녹이죠
그대의 운명을 무엇으로 묶어 둘 수 없는
불사조이죠

* 허들링[Huddling]이란 알을 품은 황제 펭귄들이 한데 모여 서로의 체온을 나누며 혹한의 추위를 견디는 방법으로 무리 전체가 빙글빙글 돌면서 바깥쪽과 안쪽에 있는 펭귄들이 서로의 위치를 바꾸는 의식이다.

강강수월래 하듯
- 황제 펭귄 · 2

강강수월래 하듯 원을 그리며
그대 살결 스칠 때 가슴 뛰네
천지엔 그대 하나로 다가와 서네
사랑이란 현실에서 넘을 수 없는
벽을 넘어 가는 것
눈보라가 깔린 설원을 향하는
우리 꿈꾸는 자유마저 가로 막네
가슴에 품는 꿈은 날개를 활짝 펴고
세상을 넘어서 가네
날개를 가지고 날 수 없었던 우리는
하늘 높이 날고 있었네
강강수월래 하듯 원을 그리며
당당하게 우리들의 세상을 여네

부부인연
- 황제 펭귄 · 3

제 뼈를 깎고 깎는 일이
얼음의 천직인가
흠 하나까지 다 깎아내어
바로 세우려고 하니
여기 발 디디고 선 자리가
흠 많아 부끄럽다
부부 인연 맺어 서로를 향해
향기 나는 마음의 묵향을 찍어
거기 걸어두면
얼음의 천직과 일치 할까

행복한 일이냐
- 황제 펭귄 · 4

촘촘하게 박힌 깃털들이
그대의 운명을 가름하듯
그대 마음 속에는
불꽃 같은 신의 눈동자를 빌려와
한 세상 사는 일이 얼마나 행복한 일이냐
시련으로 비쳐지는 그 곳에서
이 세상에서 누리지 못한 황홀함을
나누며 사는 일이 얼마나 행복한 일이냐
그대 다시 태어나도 우리가
꿈꾸는 천국에서 살기보다
더 험한 것에서 사랑 하나로도
행복할 수 있으면 모든 걸 거는
맘으로 사는 일이 얼마나 행복한 일이냐

당신의 눈빛
- 황제 펭귄 · 5

길이 보이지 않아도 길이 보이는
그 사랑의 눈빛
우리 숨이 멈출 것 같습니다
100Km 눈길을 뒤뚱거리는 몸으로
담고 온 바다 속 세계가 숨 쉴 때
우리는 오늘 하루 끝도 볼 수 없는
것을 한합니다
길이 보이지 않아도 길이 보이는
그 따스한 사랑의 눈빛을 건너 받아
살을 맞대고 살아가는 사람에게
마음 속으로 뛰어 들어
길이 보이지 않아도 길을 보이는
펭귄의 눈빛으로 살아가고 싶습니다

향이 깊은 꽃일수록
- 황제 펭귄 · 6

펭귄의 뒷모습을 보고 있을 때
웃음이 젖어 오다가
왈칵 울음이 복받쳐 오르는 까닭은
향이 깊은 꽃일수록 가시를 일으켜 세움은
그 만큼 아픔이 깊다는 말 일 것이다
살을 에이는 차가워진 남극
펭귄의 생애 어느 한자리에도
우린 끼어 들지 못할 것이다
지쳐 시린 몸들을 뎁혀주는 긴 밤들
그 앞에서 설원도 쩡하고 소리를 내며
경배의 무릎을 꿇는다

순금빛 눈금
- 황제 펭귄 · 7

온몸으로 지고 살아가는 무게를
눈보라가 하늘의 저울에 단다
순금빛 눈금을 가리킨다
이 무게만으로 족하다
펭귄은 서로의 몸에서 순금빛이 인다
하늘과 지상의 일치였으리
우리는 언제나 일치 하지 않는
하늘의 저울에 매달려 있을 때
알 수 없는 무게에 몸부림 친다
덜어낼 것과 더 할 것을 모르지만
펭귄은 덜어낼 것이 무엇인지 알기에
더할 것을 조용히 더해가며 살아간다

이내 몸 머물 곳이 없으리
- 황제 폐건 · 8

우리가 서로 몸을 기대고 있을 때
꿈결처럼 젖어 들었던 것을 모를 터이다
어디로 떠나간다 한들
이내 몸 머물 곳이 없으리
저 얼음 덩어리 둥둥 떠서
가는 곳으로 가련다
차디찬 바다 속 해궁海宮으로 가련다
거기까지 찾아 온다면 자리를 비어 줄 터이다
우리 살아 있는 날 동안 숨 쉴 곳 없더냐
뒤뚱거리다 넘어지면 다시 일어서고
온몸에 상처가 깊어진다 한들
우리 몸으로 새 세상을 열어 살 터이다

그대 사랑하는 자리
- 황제 펭귄 · 9

그대 사랑하는 자리는 별만큼 먼 설원
만나러 가고 싶습니다
가서 이곳으로 돌아오기보다 한 몸 되어
깊어가는 사랑의 허들링을 따라 돌고 싶습니다
뜨거움이 잠시 뿐인 우리 사랑을 떠나
그대 사랑하는 자리에 서서
기다림이 무엇인가를 가슴에 밀어 넣습니다
목숨을 바치지 않고 얻고자 했던
사랑을 하늘이 허락하지 않았듯
우리가 손쉽게 얻고자 함에서 벗어나
그대 있는 곳까지 가고 싶습니다
마주 하는 그대의 두 모습은 기도 하는 눈빛으로
젖어와 우리의 고개까지 숙이게 합니다
아! 지고지순 함에 이르는
그대의 사랑하는 자리 별만큼 먼 설원
만나러 가고 싶습니다

사랑은 빙글빙글 돌더라
- 황제 펭귄 · 10

벼랑 끝까지 헤집고 다녔을 바람이
이곳에서 와서도 잠들지 못하고 뒤척이더라
설원을 베고 잠이라도 들었으면 싶었건만
눈보라까지 불러 들어 하늘까지 헤집어
눈코 뜰새 없이 몰아대도
펭귄들은 사랑하기에 여념이 없더라
밤새워 고래고래 소리 지르며
천지를 뒤집어놓을 듯 흔들어도
펭귄들은 사랑하기에 여념이 없더라
사랑은 빙글빙글 돌더라
밤새워 빙글빙글 돌더라

제 2부

하늘이 사랑 한 쪽을
- 황제 펭귄 · 11

하늘이 사랑의 한 쪽을 떼어내어
맑은 물에게 주었다
해도 달도 별도 그들이
맑은 물 속에 내려와
자기들의 사랑의 한 쪽을
맞추려고 할 때
언젠가부터 맞지 않는 것을 안
펭귄들이 순백 그대로
온전히 맞춰주었다
허들링으로 밤새워 온몸 던져가면서
하늘이 한 쪽을 떼어내어 준
그 사랑을 온전히 맞춰주었다

신의 뜻을 거슬리지 마라
- 황제 펭귄 · 12

넘지 마라 내 발등 위까지
잠든 천지를 깨우고 있나니
차가운 눈보라여
신의 뜻을 거슬리지 마라
새 생명 하나가 우주의 으뜸이니라

펭귄의 발
— 황제 펭귄 · 13

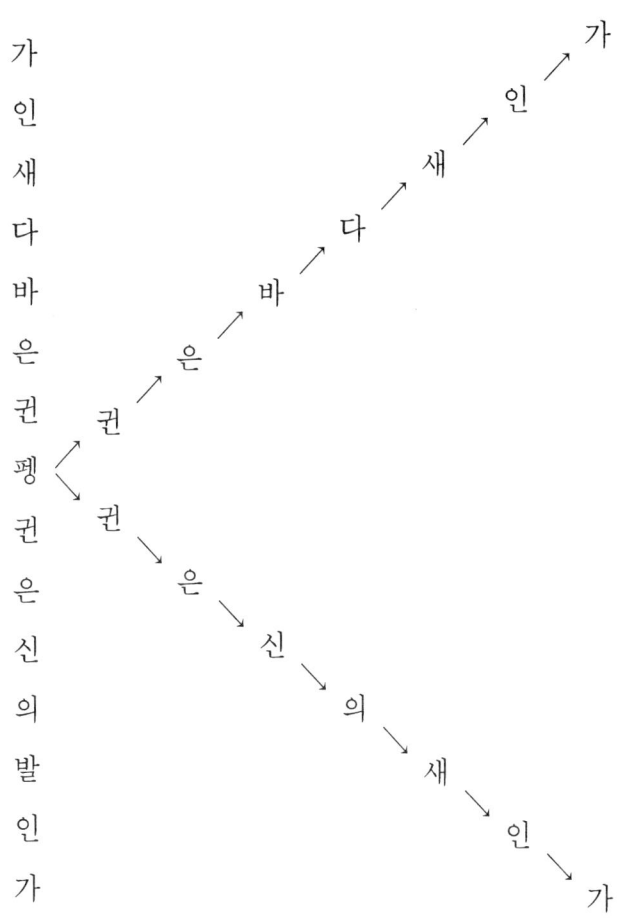

땅 위에 있는 것은 얼어도
그 발은 봄을 빚어 내노라

황제 펭귄의 낭만
- 황제 펭귄 · 14

당신의 몸짓이 더 낭만적이지 않나요
흰 눈 위를 쭈르륵 미끄러져 갈 때
우리의 입을 귀에 걸리게 하지 않나요
당신의 뒤뚱거리는 몸짓 하나로 부르는
설원의 노래는 우리의 영혼을 녹이지 않나요
힘겨운 몸짓이 정녕 낭만이어야 할 우리에겐
당신과 같은 멋진 허들링까지 없으니
마음 한 자락에 겨자씨만한
즐거운 락樂 하나마저도 누리지 못하네

귀양
– 황제 펭귄 · 15

설마하니 하늘을 속인 죄로
귀양 온 것은 아니겠지
사랑을 찾아 왔다 하더라
입에 담을 수 없는 곳
발을 내딛는 순간이 저승문이었으니
그 문을 활짝 열어 놓고
허들링으로 온밤을 지새운다 하더라
달이 둥굴어졌다가 이즈러지지만
그곳 하늘에 얼어붙어
부리로 꼭꼭 쪼아 굴리고 가더라 하더라
귀양을 간 것은 정녕 사람들이라 하더라

철인의 부부여
- 황제 펭귄 · 16

날아야 할 날개 대신
깃털로 촘촘한 짠
옷 한 벌을 입으셨군요
먼 얼음 길을 걸어
물 속에 건져 올려 올린 먹이를
가득 채워 가지고 돌아와
어린 것들을 키우네
아! 쓰러지는 직전까지
움직일 수 없는 발등을 하고
깃털 밖으로 어린 것이
고개만 내밀기만 해도 얼기에
기다림으로 견디어내는
철인의 부부여

미소 짓는 아! 그 얼굴
- 황제 펭귄 · 17

눈발이 가볍기로는 티끌 같으나
눈발이 쌓여 무겁기로는
산도 버터 낼 힘이 없다
뼈 속까지 서슬 퍼렇게 드밀고 와도
펭귄에겐
푹신푹신한 지프라기로 여길 뿐이다
자신에게 어떤 것을 붙여 놓아도
그런 화려한 수사 따위가
눈발보다 가벼운 것이라
층층 얼어 무거움으로 짓누를 때
그 위에 조용히 다리를 꼬고 앉아
미소를 짓는 아! 그 얼굴
어디에서 많이 본 얼굴이 아닌가

윙윙윙
– 황제 펭귄 · 18

윙윙윙
바람 소리까지 날이 서
뼈 끝까지 저며 올 때
하얀 입김의 높은 음자리표에
둥둥둥 띄어 놓고
강강술래로 빙빙빙 돌고 돌고는
춤사위는 밤새워 이어지고
윙윙윙 소리를 내던 바람도
사랑으로 동화 되어 허공에
달무리를 이뤄
둥둥둥 떠 다니네

사랑하는 이가 있다면
- 황세 평권 · 19

사랑하는 이가 있다면
이 얼음 위라도
바다 밑이라도 괜찮소
온몸을 얼게 하는 긴 밤이라도
참고 견딜 수 있소
이 얼음이 얼고 또 얼어서도 괜찮소
사랑하는 이가 있다면
눈보라 속에서도 노래 할 수 있소
먼 길을 걷고 걸어 물고기를
온몸에 담고 올 수 있소
오로라 피는 밤처럼
온 하늘에 꽃 피게 하는
사랑하는 이가 있다면
이보다 더한 이 얼음 위라도
바다 밑이라도 괜찮소

펭귄의 모정
- 황제 펭귄 · 20

또르르
어미 발등에서 알이 굴러
눈 속에 묻히고
그 알을 찾다가 알만한 크기의 둥근 얼음을
발등에 얹어 품고 있을 때
그대로 녹아 젖어 오는 차가움에도
알인 듯 마음을 다 주는
펭귄의 모정
모든 것이 살아 꿈틀거리는 생명이리라

제 3 부

다리 짧은 것으로 슬퍼하지 않아요
– 황제 펭귄 · 21

다리 짧은 것으로 슬퍼하지 않아요
다리 길이만큼 깃털로 촘촘하게 덮죠
아름다운 사랑을 위해 소중한 것들을
버려도 아깝지 않죠
이 사랑을 위해서 날 수 없는 것까지
모두 감수 하죠
세상은 눈에 보여지는 그 눈부심으로
높고 낮음을 결정할지 몰라도
우리에겐 더 높은 곳에 뜻이 있어
다리 짧은 것으로 슬퍼하지 않아요
이 사랑을 위해서 날 수 없는 것까지
모두 감수 하죠
눈보라 속에서 어느 멋진 날이 펼쳐지는
날을 알기에
다리 짧은 것으로 슬퍼하지 않아요

우리는 헤어짐이 없지
- 황제 펑권 · 22

모든 것을 얼게 해도
사랑을 얼게 할 수 없지
서로의 눈빛들은 별들이어라
영혼 속까지 다 보여
이보다 더한 혹한의 밤도 품을 수 있지
사랑은 낭만을 깔고 놓고선
처음 만난 그대로 끝까지 갈 순 없지
사람은 낭만이 끝나면 떠나 가지만
우리는 떠나는 법이 없지
마음 깊은 곳에 낭만을 깔아
죽고 죽어도 헤어짐이 없지

절절한 사랑
— 황제 생권 · 23

눈에 묻혀가는 것은
사라져 가는 것이 아니다
거기 잠시 멈춰서 자세를 가다듬고 있을 뿐
그 눈보라를 휘감아 깃폭으로 펴 둘 것이다
한 마리 새이면서 바다사자 육중한 몸매를 한
그들은 깊은 인연을 하늘에 띄어 놓고 살아간다
별처럼 빛의 둘레를 두르고 있어
깊은 한 밤중에 서로를 부여 안으며
눈보라로 사랑의 뜨거움을 지펴낼 것이다
이보다 절절한 사랑은
하늘 아래에서 단 하나뿐일 것이다
그 황홀한 춤사위에
까만 밤이 설원에서 사라져 갔던 것이다

바람의 뒷주머니
― 황제 펭귄 · 24

바람의 뒷주머니에 눈보라가 꽂혀 있다
간밤의 하얀 입김 담아두면 따뜻해질까
그토록 그리운 날들 적어 둔 수첩을
꺼내어 보면 가슴이 채워질까
바람은 조금씩 솔기가 풀려
무엇으로 꿰맬 수 없고
저렇게 헤집펴져 속살을 드러나게 할 것이다
태고적 신비는 허물어지고
천지를 가득 채우던 설원의 고요마저
사람들이 밀어내고 있는 자리마다 쓸쓸함이
그늘져 있다
펭귄들이 하고픈 말들이 눈보라 속에 들어 있다
뒤뚱거림이 생존의 길이었듯
걸어온 길만큼 또한 시름도 깊다
가슴엔 누구도 달래줄 수 없는 멍들이
물들어 있겠지
아! 우리는 그 바람의 뒷주머니에
무엇을 꽂아 둬야 좋을지 묻고 싶다

인연의 문
- 황제 펭귄 · 25

윤기 흐른 깃털을 풀어헤치듯
그대 부리를 내 품 속에 묻고 있을 때
먼 길을 오면서 멍울진 상처까지
내 것임을 알았습니다
그대의 젖가슴 위로 눈보라가 지나가고
밤이 깊어갈 때 별빛이 내려 앉아
사랑을 담아 하늘에 매달아 놓은 것도 보았습니다
날 안아 봐요 우주가 금이 갈듯 휘청이고
그대 몸을 빌려
내 생애 꽃 한 송이를 피게 하는
그대 사랑에 목매여 옵니다
이보다 더한 계절이 온다 해도
우리 사랑은 왜 여기이어야 하나 아니라
하늘까지 울게 할 우리 사랑이
별이자 달이자 해가 아니겠어요

사랑의 깃발
- 황제 펭귄 · 26

서로 감싸 안은 사랑을
어느 곳에서 가져 온 것이냐
그대의 몸짓 하나로 남극의 밤은
깊어갈수록 더 순결하고
펼쳐 보일 수 없는
우리 영혼을 설원으로 펼쳐 주네
밤새워 안에서 밖으로 나오고
밤새워 밖에서 안으로 들어서서
온몸을 덥혀주고 있는 그 사랑
깃발 하나 우리 영혼에 높이 달고
바람 부는 날 어디라도 나서고 싶어라

암송
- 황제 펭귄 · 27

먼 바닷길을 가야 하는
숙명까지도 기도 하는 몸짓이어라
발자국 찍힌 곳마다 고단함이 배여 나도
이것을 기쁨이라 암송하며 가는 당신이
거룩해 보이더라
사랑을 위해서 더 먼 길도
마다 하지 않고 간다는 당신
왜 우리는 뜨겁게 사랑한다 하면서도
당신처럼 암송해야 할 말이 없는 걸까요
그토록 많은 말 중에서
당신처럼 암송해야 할 말이 없는 걸까요

사랑이 시작되는 그대들
- 황제 평권 · 28

매서운 눈바람도 사랑이 시작되는
그대들 앞에서 주춤거림이 무엇 때문입니까
달려오는 기세로는 사랑에 젖어 있는
그대들을 모두 덮어버리거나
쓸고 갈 법도 한데
눈바람까지 잠잠하게 하는 것은
정녕 무엇 때문입니까
눈바람까지 품에 안아 속삭임이
노래 가락으로 여울지는 것은
정녕 무엇 때문입니까
아! 당신같이 살아가는 사람들이
우리 곁에 수없이 많은데도
두 눈을 뜨고 살아가면서
왜 볼 수 없는 걸까요

별빛으로 매달려
– 황제 펭귄 · 29

수 천 개 바늘 끝인 찬바람이
깃털 속으로 들어가는 것을 보았네
오히려 그 바늘 끝이 별빛으로 매달려
반짝거렸네
깃털 하나 하나에
뒤뚱거릴수록 더 반짝거렸네
우리는 바늘 끝이 닿기만 해도
저릿거려옴이여
당신들의 몸은 하늘의 신령한
무엇을 담고 있어 그러 하신지
눈길을 뗄 수 없었네

당신의 눈물
- 황제 폐권 · 30

빙하 하나가 떨어져 나갈 때
지구의 한 쪽이
구멍이 뚫려가는 것을 안다
빙하의 움직임 하나에도
마음이 다 가 있는 당신
그 때마다 온몸으로
빙하를 붙들어 메고자 몸부림친다
더더욱 몸을 던져 구멍을 메꾸고자 한다
사람들이 한 일들을
막아낼 수 없어 긴 고독의 시간을
그렇게 지키고 설 수 밖에 없는 것을
빙하의 깨어지는 소리가
당신의 눈물인 것을 본다

제 4 부

별빛까지 얼어서
– 황제 펭귄 · 31

누가
여기까지 찾아 올까 싶었네
하늘의 별빛까지 내려오다 얼어
그대로 고드름으로 매달리고
똑똑 떨어지는 빛의 소리가
너무 청아해 좋았다 하시네
남루한 신혼부부처럼
기대고 설 것은 사랑의 몸하나 뿐인데
이 세상 행복이 그 안에 고여 있어
저렇게 집을 세우고 살아가는 것을 보니
우리가 살아가는 집은 무엇인가
한 겨울에도 여름처럼 살면서도
우리 마음은 그대 있는 곳보다
더 차가우니
그대 있는 곳에서 사랑으로 타올라
순금으로 남을 때까지 살고 싶어라

고도
- 황제 평권 · 32

가혹하지 않는가
거처 할 수 있는 곳은 난전 뿐인데
살 부비며 뜨거움으로 돌고 도는
그대들의 몸짓들
어차피 천적은 있게 마련인데
이 고도에까지 와서 생존해야 하는 일이
가혹하지 않는가
생존을 뛰어 넘는 그 무엇이 있어
우리들의 물음이 부질없음이로다
허들링 속에서 가혹함까지
사랑의 전부로 녹아 들어 타오르는구나

봄꽃처럼
― 황제 펭귄 · 33

눈발들은 온몸 엉겅퀴 가시투성이다
누군들 그 앞에서 아파 하지 않으리
찔림 앞에서도 의연하기만한 그대
세상에서 이보다 질긴 가시가 있으랴
가시를 피하는 법이 없는 그대
가시 끝마다 걸어두고 있는 사랑이
봄꽃처럼 막힌 세상 속을 뚫고 오더라

남극의 천국
- 황제 펭귄 · 34

어쩌자고 당신은
사랑의 울림으로
극한의 그물을 휘감고 서 있나
넘을 수 없는 그곳에서
모든 것을 걸었나
눈발은 하늘 높이까지 쌓이는데
기대고 설 곳이 없는 곳에서
생명의 탄생을 불러 올 때
날리는 눈발이 제 몸에 불을 붙여
남극을 천국으로 열어 놓는다

몸짓들
- 황제 팽귄 · 35

한 밤중 하얗게 피워 올리는 입김들
몸과 몸에서 뿜어내는 향기가 아닐까요
살아 있음에 대한 황홀한 몸짓이 아닐까요
아! 이보다 더한 세상이 다가와도
더 아름다운 풍경을 빚어내지 않을까요
휘모리 자진머리 중중머리가 이어지는
아!우리네 옛마당 우리네 옛몸짓들

살아만 있어라
– 황제 펭귄 · 36

살아만 있어라
잠시 자리 빈 사이 어미를 찾다
돌아오지 못하고 우는 목소리
하늘이 찢어질 것 같구나
살아만 있어라
허들링하는 밤 내 새끼를 만날까
이 어미 목청이 찢어지게 울어 핏빛이구나
고운 부리와 눈빛과 털빛과 발등까지
이 어미 품으로 새겨 놓아 잊혀질까
설원에 그려지는 그림이 너 뿐이로다
이 어미의 살점을 저며 싱싱한 물고기로
먹여주고 싶구나
이 어미 그리움이 다 하는 그 순간까지
살아만 있어라

하늘이 한 장의 편지로다
- 황제 펭귄 · 37

눈발들이 펭귄들의 대오를
흐트러놓고자 툭 건드리니
일제히 둥근 원을 그리며
날아오를 때
그 눈발은 간데 없고 하늘만 눈부시네
얼었던 그 몸은 본디 물이 아니었던가
이 물에 펭귄들의 사랑을 띄우니
하늘이 한 장의 편지로다
어느 집엔들 가 닿지 않으랴
오는 소식은 없을지라도
정다움으로 물들어 간 자리마다
잘 있다는 안부이겠지요

아름다운 사랑을 선택
- 황제 펭귄 · 38

붉은 저녁 노을빛 어깨라도 빌려
추운 밤을 건너고 싶은 마음이었다오
우리네 어깨를 서로 끈끈하게 기댈 때
이 깊은 밤을 건너는 일이 쉬웠다오
사랑은 시작되면서 헤어짐에 접어든다 하지만
그 헤어짐의 끝을 잡고 돌고 돌 때
우리 머리 위에는 영원한 빛의 왕관이
씌어져 있었다오
날아야 할 날개까지 다 던져주고
아름다운 사랑 하나를 선택하고자
모든 것을 걸었다오
물혹처럼 발등에 잔주름이 깊어가도
아름다운 사랑을 선택하고자
슬퍼하지 않았다오

사랑의 소리
- 황제 펭귄 · 39

땅 끝에 남겨진 것은 소리만 남는다
이 소리 속으로 들어와 거쳐가야 할
그들의 사랑은 별빛보다 더 투명하다
딛고 선 자리는 떨려오는 몸짓들뿐이지만
기대고 설 땐 사랑이 깊어가는 소리를
하늘도 놓치지 않고 포근히 감싸고 있다
설원이 저리 흰 것도 그 이유 때문일 것이다
정한 것은 소리로 남아 여울지고
영원함을 담아둔 그 선율의 춤사위에
후회 없이 모든 걸 내맡기고 있는 펭귄들
계절이 끝난 그곳에서 하늘의 별로 떠서
사랑의 소리로 반짝이고 있다

살아 숨쉬는 지구
- 황제 평권 · 40

맨발로 찬바닥에 서 있는
당신의 일생
두꺼운 얼음층에서 꺼내주지 않는
봄을 당신은 맨발 끝에서 꺼내어
그 곳을 물들여 놓고 있을 때
살아 숨쉬는 지구인 것을 알려줍니다
맨발 끝에서 생명이 태어나는
우주의 절창을 들려줄 때
우리 생이 부르는 절창은 정녕 무엇인가
우리의 외침을
당신의 맨발 끝에 내려 놓으면
우리도 절창을 부르지 않을까요

제5부

사랑하는 일이 쉬운 것이라면
- 황제 펭귄 · 41

사랑하는 일이 쉬운 것이라면
황제 펭귄더러
100Km 먼 얼음길을 걷게 했겠나
그런 사랑 없이 두근거림으로
가슴 뛰게 한다 한들 뜻 모를 그리움 일 뿐
사랑은 황제 펭귄이 가는 길과 같은 것
손을 뻗으면 쉽게 와 닿는
그런 사랑 일생 동안 지속 될까
목숨과 맞바꿔 살아가지 않고서야
사랑했다 말 할 수 있으랴
날개까지 버려가면서도 물고기를
온몸에 가득 담고 돌아오는 일편단심
출렁거리는 그런 사랑 앞에
얼음까지도 길을 내어 걷게 하는
황제 펭귄들과 같은 그런 사랑을 하다
한 세상 살다 가라

빙하
- 황제 펭귄 · 42

그대를 떠나지 못하게
얼음이 붙들고 있는가
얼음을 녹지 못하게
그대가 붙들고 있는가
빙하 하나
파랗게 한 줄 금만 가도
지구가 금이 간다면서
저리도 파르르 떠니
그대가 얼음을 녹지 못하게
붙들고 있는 것을
그대를 그곳에 보냈던 분이
누구이신지를 들려다오

황제 펭귄
- 황제 펭귄 · 43

빙판길 위에서 종종걸음질하다
쿵 넘어질 때도 다시 일어서
종종걸음질한다
웃고 난 뒤 우리 눈가에 눈물이 맺히는 건
그대의 생이 우리 삶에 포개질 땐
잊혀지지 않는 여운으로 남기 때문이다
그대가 살아가는 그곳
누구도 봉합하지 못한 것을 봉합하고
눈보라에도 밤이 환하는 까닭은 그대가
등과 등을 기대어 만든 둥근 빛 때문이다
문풍지 울 듯 그대의 몸은
설원의 밤을 물들여 놓은 것을 본다

사랑의 집
- 황제 펭귄 · 44

몸의 일부이면서도
자기 몸이 아닌 듯
엄혹한 날들을 지탱케 하는 발이여
이 발등으로 알을 품어 생의 끈을 이어가고
그 발로 먼 길을 걸어서 간다
딛고 선 자리에서 차가움을 빨아들여
사랑으로 자리를 펴는 거룩한 발이여
주름 잡힌듯한 발등으로
이 지상에 세울 수 없는
사랑의 집을 지어 놓아
그 속에 들어가 단 며칠만 살아도
싸우지 않고 한 세상 살듯 싶습니다

숨은 봄
- 황제 펭귄 · 45

꽁꽁 언 그 속에서
숨은 봄을 불러내어 어린 새끼의
날개를 달아주었다
새이면서 날개가 없는 새끼들은
그 봄의 날개 죽지로 날으는 꿈을 꿀 때 행복했다
꽁꽁 언 것들을 어떻게 주물러서 반죽하고
함께 빙빙 돌며 밤을 보내는지를 알았다
모든 것을 열어주지 않을 것 같은
얼음장은 속에 있는 것을 죄다 꺼내 주었다
사랑의 숨을 터 주는 뜨거운 심장이 거기 있었다
그 심장으로 살아가는 펭귄들
지구가 사랑의 숨을 쉬게 하는 것도
멈추게 하는 것도 모두 쥐고 있었다

펭귄들의 눈빛
- 황제 펭귄 · 46

훨훨 날아야 할 날개까지 내어주고
민첩하고 날렵한 발까지 내어주고
살아가면서도 눈물을 보인 적이 없는
펭귄들의 눈빛에 설원이 제 모습을 비춰 본다
아니 별빛까지 내려와 흠 많음에
지우고 돌아간다고 한다
우리 사랑 내보일 때 현무암이 웃을지 모른다
히들링으로 봄볕처럼 그늘을 넓혀 가듯이
신의 사랑과 맞바꿔 살아가는 것이 아닐까 싶다
그 사랑으로 낳은 것은 봄일 것이다

제물
- 황제 펭귄 · 47

빙하 덩어리
떨어져 나가는 소리를
가슴에 담아 두는구나
심하게 균열이 간 세상 내부를
펭귄이 부여 안아 붙여 놓고
떨어져 나가는 그 소리를
온몸 안으로 불러 앉히고
그렇게 얼음 위에서
제물로 받치고 살아 가구나

사랑의 허들링
- 황제 펭귄 · 48

펭권의 발길을 따라간다면
지금까지의 지쳤다는 여긴 내 발걸음이
펭권이 이제까지 날지 못한 날개를 달고
나는 것 같다
서로 다른 지구의 반대 편에 살아가는 것 같아도
서 있는 자리만큼 펭권과 다를 바 없다
생이라는 보이지 않는 펭권의 발등으로 살아간다
내보일 수 없는 이 발등을 한 난
나 홀로 시름이라는 허들링을 있어도
세상과 허들링을 할 수 없음에 아파 한다
헐벗은 마음이 쉴 수 있는 마음의 집을
펭권이 이미 지어 놓고 기다렸던 것이다
그 곳으로 발길을 돌린다면
사랑의 허들링으로 영원까지 물들 일 것이다

도둑 세떼
- 황제 펭귄 · 49

알 안에 있을 때
꿈꾸는 것이 좋아라
어미 울음소리가
알 속으로 스며들어
설원의 노래로 울려 퍼져라
알 밖에 보이는 세상은
눈보라 속이지만 불멸의 악기로 뽑아내는
그 곳은 영혼의 여울터
태어남이 고해인 세상을
어미의 품 속으로 녹이듯
새끼인 그들도 허들링을 온몸으로 받아들여
빙글빙글 돌고 있을 때
도둑 새떼들이 넋을 잃고
겁 질려 오락가락하고 있네

아버지의 발
– 황제 펭귄 · 50

펭귄의 발에 박혀 있는 굳은 살에
도무지 눈길을 뗄 수 없었다
그 발을 빌어 세상을 쉽게 건너는 것을
모르고 살아온 것뿐이다
아버지 발에 박혀 있는 굳은 살은
차라리 돌덩이였다
거센 세상 물살에 놓여 징검다리가
되어주던 날에도
더 건너고 난 뒤에도 까맣게 잊고
살아가던 우리
그 아버지의 발처럼 굳은 살이 박혀
굳어져 갈 때 이해 할 수 없는 마음이
통째로 폐 속으로 들어왔다 나가는
한 평생을 부여 안고 살아 갈 화두였네

제6부

울음 주머니
- 황제 펭귄 · 51

울음 주머니 하나 차고 살아가더라
사랑을 잃은 그 가슴은 추운 밤도 잊고
눈 밖에 나서서 그렇게 눈이 빠지게
기다리며 살아가더라
하늘로 부리를 대나무처럼 치켜 들고
찾아도 찾을 길이 없어 울더라
살아도 사는 것 같지 않아 눈바람을
허들링으로 휘감아 밤새워 빙빙 돌더라
그리움이 눈으로 내려 쌓이는데
울음 주머니만 부풀려 살아가더라라

해의 몸도 당신보다
- 황제 펴권 · 52

당신이 없었다면
해의 몸도 당신보다
더한 상처투성이일 것입니다
이 상처를 싸매고
모두 낫게 하는 것을 봅니다
당신이 모여 있는 곳에서
해의 몸에 멍이 진 상처까지
당신이 모두 지워 저렇게 매일 아침
찾아와 우리를 반긴 것을 봅니다
금이 간 사랑에서
이루지 못한 사랑도
당신에게 맡기기만 하면
처음 사랑으로 돌아가
가슴 뛰는 시간이 아닐 수 없습니다

밀착
– 황세 펭귄 · 53

알을 깨고 나오면서
몸을 밀착하는 법을 배우네
하늘의 별들이 내려와 함께 하네
돌고 돌면서 안과 밖을 하나로
묶어내네
안에서 오래 있음이
그들에게 슬픔이네
밖에 있음으로 안으로 향해
노래 하네
천상의 노래로 얼음 위를 물결칠 때
추위는 한갓 무지개 빛뿐이네

운명의 선택
- 황제 펭귄 · 54

한 땐 높은 창공을 박차고 올라
멀리까지 날아 갔으리라
험한 얼음 위를 걷지 않아도 될 당신인데
이제 날기보다 몸짓을 불러
살아가는 이유를 알듯 싶네
차가운 추위를 막고자 하는 그 모정
날개를 버리고
키워내야 하는 그 절박한 운명의 선택이
무엇인지를 우리에게 쥐어주네

고요의 열쇠들
– 황제 펭귄 • 55

시간의 층을 쌓고 있는 얼음들
녹고 나면 물로 남을 몸들인데
투명하게 속까지 비치는 그것이
얼음의 영혼인가
한 점 티끌까지 드러나게 하는
선명한 빛깔이 한없이 차갑지만
그 안에는 신만이 알고 있는
고요의 열쇠들! 펭귄이 알고 있으니
아! 가진 날개마저 줄여서
맨발로 걸어가는 펭귄의 고행을
우리 가슴에 깔아두고 산다면
모든 것을 발아래 두고 살듯 싶다

둥지
- 황제 펭귄 · 56

날고 싶은 은빛 날개를
왜 안에다 감춰두고 뒤뚱거릴까
힘차게 날아야 할 하늘이
차거워서만 아닐진데
두툼한 발등이 둥지인 그대
깃털로 촘촘하게 몸짓을 불려
새끼를 키우고
둥지를 지켜보는
하늘까지 눈물을 머금게 하는 걸까
뒤뚱거리는 아버지 생과 닮아 있다

비백飛白
- 황제 펭귄 · 57

빙하마저도
생명의 뜨거움에 경의를 표했네
인간에 대해선
등을 돌리는 것을 보았네
빙하가 펭귄을 불러 이곳에
앉힌 것은 하늘의 뜻이었으리라
사랑을 위해서 무엇을 먼저 내놓아야 하는 것을
인간은 더 이상 내놓지 않고
땅에 있는 것에 눈이 멀어져 갔으니
당신을 비백[飛白]으로 부르심을 알겠네

용서 하시라
- 황제 평권 · 58

더불어 살아가야 하는 곳에
찾아 온 사람들은
발 딛고 선 이 얼음 아래
무엇이 있는가 찾아 온 것이 아닌가
자리를 비켜 주기 바란다면
비켜주마
저 얼음도 함께 녹아
이 지구 별에서 사라져 가마
저 밖을 벗어나면
많은 별들이 우리를 맞이 해주리라
행복하소서
서로의 몸을 감싸주는 우리가
빙글빙글 돌면서 살아감이 죄였다면
용서 하시라

입김들
- 황제 펭귄 · 59

한 밤중 하얗게 피워 올리는 입김들
몸과 몸에서 뿜어내는 향기가 아닐까요
살아 있음에 대한 황홀한 몸짓이 아닐까요
아! 이보다 더한 세상이 다가와도
더 아름다운 풍경을 빚어내지 않을까요

그대는 발등에 얹어
- 황제 펭귄 · 60

내리던 햇살도 추워
하늘로 돌아가는데
그대는 발등에 얹어 알처럼 품고 있다
품지 않고서는 사랑을 이룰 수 없음을
보여주는 그대여
그대 마음 하나 건너 받아 이제껏 품지 못한
것을 품고 싶다
해까지 품어 땅끝까지 비치게 하는
그대의 마음 한 자락에 울려오는 가락에
실어 우리도 무엇인가 울리고 싶다

제7부

명수
— 황제 펭귄 · 61

그대가 떨어져 나와 떠 있는
빙하 덩어리를
한 땀 한 땀 기워 놓은 명수라는데 맞는가
대답 없는 것으로 보아 맞는가 보네
그게 빙하 실타래 풀리는 날에
지구의 숨겨진 속살이 다 보인다면서
그대 아니고선 누가 기워 놓은 이가 있겠는가
고마우이
보여서 좋은 것 없지 않는가

사랑이 떠나가는 소리
- 황제 펭귄 · 62

천둥이 하늘에 울려야 제격인데
그 빙하들 뒤척거릴 때
소름 돋지 않으신지
선한 성자의 눈빛을 하던 별들도
그만 와르르 쏟아질 것 같더이다
그 천둥 소리에
빙하 한 조각이 쿵 하고 바다 속으로
떨어져 나뒹굴 때
지구 어디선가 누군가 쿵 하고
사랑이 떠나가는 소리로 젖어 와
펭귄 우리를 뗄 수 없게 하네

깊은 한 밤중
- 황제 펭귄 · 63

그대 안에 감춰 놓은 소리
깊은 한 밤중 빙빙 돌면서 지펴낼 때
꽁꽁 언 얼음들도 흥에 겨워
그대의 몸짓처럼 뒤뚱거리는 것을
보겠네
당신들의 춤사위
꽁꽁 언 얼음들이
춤사위를 배운다 들었네
얼음과 같은 우리
언제쯤 배워 볼런지

처음 그날들
- 황제 펭귄 · 64

몰인정하기로 따지면
차디찬 얼음덩어리 같으나
그 얼음덩어리들도 제 몸에 금을 가게 해
바다로 드나드는 길을 열어 두고 있다
먼 길을
뒤뚱거림을 마다 하지 않고 간다
꽃 한 송이 찾아 볼 수 없는 길에
꽃을 피우며 간다
돌아오는 길도 꽃이 피어 있어
처음 하늘을 열었던 그 날들
펼쳐 보여주는구나

눈바람에 향기
- 황세 펭귄 · 63

눈바람에 향기가 날 리가 없지만
그대 목숨 깊은 곳에
향을 피워 올려 물들려 놓은 곳마다
봄이더라

얼음 잔
– 황제 펭귄 · 66

얼음 잔에 파란 하늘을 담아
우려내어 마시는 것이 일품이다
우리가 우려내는 것은
고작 차나무 이파리뿐이다
파란 하늘을 담아
볼 마음 그릇이 금이 갔는지
도무지 우려낼 수가 없으니
어이 하랴
그대가 우리에게 건너줘도
마실 수가 없어
어이 하랴

문하門下
- 황제 펭귄 · 67

이 세상 누구 하나 당신의
문하門下 아닌 사람 없네
눈에 보이기에는 직립이나
펭귄 당신이 걸음거리네
세상살이 상처 깊어
또 하나의 눈을 뜨게 하네
눈을 뜨는 자
눈을 뜨지 못한 자
누구인들 당신의 문하門下를
벗어나 산다 하리요

별과 한 몸일 뿐이다
- 황제 펭귄 · 68

그곳 아니면 살 곳 없는가
물음에 답이 없다
간밤 하얀 입김뿐이다
또한 물음에도 묵언이다
발등에 얹어진 알이 보일 뿐이다
마지막 물음에도
먼 별들이 차가운 바람을 뚫고 온
그 별과 한 몸일 뿐이다

사랑에 눈을 떠서
- 황제 펭귄·69

사랑에 눈을 떠서 소풍나선 듯
걷고 있을 때
우리의 인연이 파란 물 속까지 어려
별들이 하나 하나 옷깃을 여미네
우리 순결한 영혼의 속삭임이
하늘의 노래로 불려지고 있으니
아! 우리 사랑이 영원을 너머
저 별들의 물결로 출렁거려라
이 통로를 열어주시는 이가
누군가 했더니
뒤뚱거려 웃음 짓게 했던 펭귄이 아닌가

어둠을 사랑으로 밝히는 일
- 황제 펭귄 · 70

우리에게 주어진 일이
설원에서 살아가는 천직일지라도
아름다운 사랑의 둥지를 여는 일
새 생명을 잉태시켜 봄을 맞이하게 하는 일
100Km 먼 얼음 길을 가야 하는 길이
힘겨움이 아닌 기쁨의 일
벼랑 끝처럼 눈앞에 아른거리는 배고픔에도
삑삑 우는 어린 것을 사랑으로 키워내는 일
기다림으로 행복의 눈보라를 떠 먹는 일이란
잊혀지지 않는 영혼의 주머니를 다는 일
설원이 시려올수록 서 있는 자리를 꽃자리로
여는 일 눈보라가 옷을 벗어도 더 눈부시는 밤은
오로라가 지펴지는 곳에서 허들링으로
어둠을 사랑으로 밝히는 일

후기

허들링[Huddling]이란 알을 품은 황제 펭귄들이 한데 모여 서로의 체온을 나누며 혹한의 추위를 견디는 방법으로 무리 전체가 빙글빙글 돌면서 바깥쪽과 안쪽에 있는 펭귄들이 서로의 위치를 바꾸는 의식이다.
이 의식을 지켜보면서 우리 강강수월래와 같음에 벅찬 감동에 경의를 표 하고 싶었다.
숱한 외세의 침략을 받으며 견디어 냈을 우리 조상들의 형상이 황제 펭귄과 오버랩되는 순간 이 황제 펭귄을 쓰지 않으면 안 되는 절박감이 나를 붙들어 놓아 주지 않았다.
참으로 오랜 세월 동안 나를 놓아주지 않아 그 황제 펭귄으로 돌아가 영혼으로 수없이 만나고 또 만났다.
오 천년 역사 속에서 쌀이 남아 도는 시대는 처음이라는 이 경이로운 일에서 세계 속으로 뻗어나가는 우리의 저력이란 상상을 초월한다.
허들링! 이 유전자의 피가 흐르고 있는 이상 이루지 못할 역사가 어디 있으랴.
우리 말로 바꿔 말하면 강강술월래야 말로 우리 모든 것을 담고 있음을 응시하게 한다.
우리 문화는 곧 마당의 문화였다.
그 마당에서 벗어나 광장으로 나왔다.
우리네 굿판인 허들링!
이 강강술월래를 벌리는 2002년의 한일 월드컵에서 보여준 우리네의 군무는 누구도 상상하지 못한 것이었으리라.
누구에 의해 움직여지는 것이 아닌 우리 자신들이 곧 마당이자 굿판을 벌리는 주체이기 때문이었다.
"길이 보이지 않아도 길을 보는 그 사랑의 눈빛"이 한 소절을 찾아내는데 오랜 세월 동안 찾아 헤맸다.
불꽃처럼 타오르자 한 순간 불꽃이 꺼져 버릴 때 시인의 고통은 펭귄과 다를 바 없이 얼음 바닥 위에서 견디어내야 고통이 뒤따른다.

어디에서 손을 대서 어디에서 끝을 맺어야 할지 끝이 보이지 않았다.
혹한의 60도 속에서 살아가야 하는 그곳에서 길이 보이지 않을 것 같은데 길을 보고 살아가는 강인함이 시사 해주는 바가 너무 컸다.
옛 조상들은 암담한 숱한 날들이 연속인데도 길이 보이지 않아도 길을 보고 사는 그 속에는 허들링이 작용하고 있었다.
우리의 생을 관통해 가는 그 예지력을 건너 주었다.
힘들지 않는 생이 어디 있으랴.
마음 속에 허들링을 품고 돌고 있을 때 문제 될 것이 없었을 것이다.
언젠가부터 우리 생의 마당이라는 의미와 강강술래의 의식도 잃고 살아가는 시간이 쌓여가면서 모두가 움츠려 들고 서 있는 풍경을 접하곤 했다.
황제 펭귄들은 계절의 가장 끝인 그곳에서 생존해가는 방식은 우리들을 감동으로 젖어 들게 했다.
생명의 경외감을 느끼게 하는 그 사랑이야 말로 우리를 생을 휘청이게 하는 이 시대 속에서 생각하게 하는 바는 너무나 컸다.
물질문명으로부터 사랑을 벗어나게 해 더 큰 세상을 보게 하는 그 영혼의 눈빛으로 다시금 새롭게 사람으로 거듭나게 해주는 선물을 안겨주었다.
이 눈빛 하나를 가진다면 엄혹한 현실의 얼음 바닥이라도 꽃으로 피워 내는 그 미학에 무릎을 꿇고 싶다.
쫓기듯이 살아가야 하는 우리들의 모습 속에 다가와 선 황제 펭귄들은 어떤 화두를 남겨주고자 어진 삶을 살아갈 뿐 그 속에서 생명의 불꽃을 피어내는 것이었다.
먼 얼음 길을 걸어가야 하는 처절함!
단 한번 날개를 펴고 날아오르면 손 쉽게 바다를 오고 갈 텐데 그 방법보다는 제 몸의 날개 쭉지를 줄이고 발을 물혹으로 불려 새끼를 키워 모든 것을 견디어 내는 그 속에 창조주가가 묻어 놓은 세계를 바라본다.
거기에는 우리 민족이 걸어온 길이 보이고 그 얼음 페이지 같은 역사를 들춰 올라가면 황제 펭귄 하늘의 맥을 같이 하는 것을 보았다.
현대판 아버지의 모습이 겹쳐 있어 황제 펭귄은 또 하나의 우리들의 아버지이자 우리들의 역사이기도 하다.

올해는 무엇보다 해방 70년이란 세월 속에 이룩한 성과물은 남과 북이 분단이란 이질적인 고통의 문화 속에서 걸어오면서 전혀 다른 양상을 보여주었다.
세세 경제 대국으로 우뚝 선 남과 배고픔과 기아로 추락한 북이 암담한 현실에서 펭귄은 우리에게 전하는 메시지는 남다르다.
거역할 수 없는 세계의 흐름은 숨가쁘게 돌고 있다. 위기 속에서 우리 민족이 허들링의 역사를 이뤄오는 것을 떠 올리게 한다.
안과 밖을 뜨겁게 달구게 하는 그런 구심점들이 있어 한반도에서 수 천 년을 살아온 것은 무엇이겠는가.
힘겨움을 견디어내는 아버지들의 두 어깨! 이젠 그런 어깨마저 부정하는 시대 앞에서 침묵하게 할 때가 너무 많다.
삶이란 그 멀고 먼 얼음 길을 걸어서 먹이를 찾아 나서는 펭귄들의 눈물겨운 처절한 생존의 그 비법!
그것은 경이로움이자 위대 함인데 이것을 업신여기는 시대는 무엇을 상징하는 걸까.
부의 열매를 쉽게 따 먹는 신세대에 있어 펭귄은 어떤 말을 남겨둘까.
펭귄들은 어떤 말도 하지 않고 행동으로 자신의 생의 전부를 보여줄 것이다.
혹한의 추위 속에서 허들링으로 통해서 자신들의 생존의 법칙을 들려줄 것이다.
귀로 듣는다는 것은 지혜를 깨달음이요 가슴으로 듣는 것은 감동을 얻음이요 영으로 듣는 것은 온전한 더 세계로 나감이자 자유의 누림인데 신세대들은 그 어떤 것도 들으려고 하지 않는다.
자신이 원하는 것만 들으려고 한다. 가슴으로 듣는 것이나 영으로 듣는다는 것은 더 낯선 화두일 뿐이다.
해방 70년이란 자신들과 무관한 것일 뿐이다.
이처럼 신세대들과 거리를 좁히는 길은 요원할 뿐이다.
모두가 고개를 숙이고 스마트폰 속으로 뛰어 들어 살아가면서 타인들의 삶이나 오직 자신 하나만 존재 하는 세상으로 전락했다.
그러나 펭귄들은 자신들의 세상에서 있어 조금치도 두려워 하지 않는다.
더 얼면 허들링으로 풀어내고 더 먼 얼음 길을 걸어서 먹이를 찾아가는 이 숙명을 거역하지 않는다.

뒤뚱거리면서도 일편단심 어린 새끼를 위해서 가는 모습이 곧 거룩한 기도이자 아름다운 노래인 것을 듣는다.
이 감동이 그 설원에서 축제가 벌어지고 있다.
그들은 매일 새죽의 뜨거운 축제를 벌리고 산다.
도덕 불감증에 빠져 사는 이 세상 사람들보다 앞서 더 힘차게 살아가는 속에서 다시금 무엇인가를 배우고 싶다.
길이 보이지 않아도 길이 보이는 그 사랑의 눈빛을 하고 바라볼 때 이 세상 모든 것이 아름답지가 않는 것이 없다.
모두를 경배하고 싶다.
모두에게 입맞춤하고 싶다.
모든 것이 하늘이고 모든 것이 성스러움으로 다가와 감동으로 차오르게 한다.
오늘 밤도 황제 펭귄이 훨훨 나는 꿈에 젖어 눈발 속으로 들어서고 싶어라.

그 먼 나라 설원으로 달려가고 싶어라.
물질 만능주의에 우리 생을 걸어놓고 살아온 날들을 허들링 속으로 밀어 넣고 훨훨 날려 버리고 그 설원으로 달려가서 살고 싶어라.

2015년 1월 5일 에벤에셀 서재에서

이청리 시집

2015년 2월 10일 초판인쇄

지은이 이청리
펴낸이 고양금
펴낸곳 도서출판 이룸신서
등록번호 616-92-52521
주　소 제주특별자치도 제주시 연동 2313-4
전　화 010-5551-6257
팩　스 (064)742-4027
이 메 일 hansrmoney@hanmail.net